Dieses Buch gehört

. . . . . . . . . . . . . . . . . . . . . . . . . . . . . . . . . . . . . . .

# Komm und schau mit uns in die

# Arktis


Text von Brigitte Trinkl
illustriert von Reingard Kopsa



NEUER BREITSCHOPF VERLAG

Komm mit mir in die Arktis und schau, was es in den kältesten Gebieten unserer Erde zu entdecken gibt. Obwohl es dort außergewöhnlich kalt ist, leben in der Arktis eine ganze Menge Tiere und Pflanzen, die sich gut an das schwierige Leben in dieser Eiswüste angepaßt haben. Ich zeige Dir, wie sich im Sommer das Leben in der Tundra verändert, wenn die eisige Erdoberfläche durch die warmen Sonnenstrahlen aufgetaut wird. Wie aber schützen sich Eisbären und Pinguine vor dem eisigen Wasser? Wozu braucht das Walroß so lange Stoßzähne? Woher nehmen die Rentiere ihre Nahrung im langen Winter? Alle diese Fragen und noch viele mehr werden in diesem Buch beantwortet. Ich begleite Dich wieder auf Deiner Reise zu den kältesten Gebieten unserer Erde, bei der Du viel

Interessantes und Staunenswertes erfahren wirst. Außerdem gibt es eine Bastelanleitung und ein Spiel, das ich den Eskimos abgeschaut habe. Im Rätselspiel am Ende des Buches kannst Du überprüfen, wieviel Du über die Arktis weißt. Und nun viel Spaß beim Lesen und Beobachten.

Dein

# Leben in der Arktis

Die Arktis ist das Gebiet rund um die nördlichste Stelle unserer Erde. Große Teile des Meeres sind von dicken Eismassen bedeckt. Außerdem treiben große Eisberge im Wasser. Obwohl die Arktis so unwirtlich und kalt ist, leben dort eine Menge Tiere, denen die eisige Kälte nichts ausmacht. Jedes Tier schützt sich auf seine Weise vor der Kälte.

Wenn man weiter nach Süden kommt, geht die Eiswüste langsam in die Tundra über. Die Tundra ist ein Land aus Seen, Tümpeln und Mooren, das während des Winters von Eis und Schnee bedeckt ist. Ein halbes Jahr lang, vom Frühling bis zum Herbst, geht die Sonne nicht unter. In dieser Zeit schmilzt das Eis, und die Tundra erwacht zu neuem Leben.

Robbe
Rentier
Lemming
Eisente

# Eisbären - die weißen Riesen

Mit seinem hellen Fell unterscheidet sich der Eisbär kaum von Eis und Schnee seiner Umgebung, wenn nicht die schwarzen Augen, die Nase und der Mund hervorstechen würden. Manche sagen, die dunklen Flecken helfen den Eisbären, einander schon von weitem in der Eiswüste zu erkennen.

Normalerweise gehen die Eisbären einander aus dem Weg. Jedes Tier hat sein eigenes Jagdgebiet, in dem es nach Futter sucht. Dabei legt es jeden Tag riesige Strecken zurück. Eisbären können sehr schnell laufen und lange schwimmen. Im Sommer fressen sie gerne Moose, Flechten und Blaubeeren.

Das dichte Fell und die Fettpolster schützen sie beim Schwimmen vor der eisigen Kälte.

Die Lieblingsnahrung der Eisbären sind Fische und Robben. Manchmal sitzt ein Eisbär stundenlang vor dem Atemloch einer Robbe. Taucht sie auf, schlägt er blitzschnell zu.

# Pinguine - Vögel im Frack

Diese lustigen Tiere sind Vögel, obwohl sie nicht fliegen können. Dafür sind sie vorzügliche Schwimmer. Sie leben auf der südlichen Halbkugel unserer Erde, in der Antarktis. Das ist jenes Gebiet rund um den Südpol, das von ewigem Eis umgeben ist. Ihr Körper ist so dicht mit Federn bedeckt, daß es aussieht, als hätten sie ein Fell. Außerdem sind sie mit einer dicken Fettschicht gegen die Kälte auf dem Eis und im Wasser geschützt.

Auf dem Eis rutschen sie gerne.

An Land watscheln die Pinguine unbeholfen dahin. Im Wasser sind sie geschickte Taucher.

So kommen sie wieder an Land.

Der Kaiserpinguin ist der größte Pinguin. Nachdem die Mutter ein Ei gelegt hat, brütet es der Vater auf seinen Füßen aus. 64 Tage harrt er aus, ohne zu fressen — auch wenn es stürmt und schneit. In der Zwischenzeit geht die Mutter ans Meer, um zu fressen. Sie betreut das Junge erst, wenn es aus dem Ei geschlüpft ist. Dann geht der Vater fressen. Anschließend betreuen beide Eltern das Junge.

# Wenn Robben robben,

dann bewegen sie sich sehr unbeholfen auf dem Eis dahin. Im Wasser fühlen sie sich jedoch wohl. Sie schwimmen so geschickt und schnell wie die Fische und beherrschen alle möglichen Tauchkünste. Dazwischen müssen sie allerdings immer wieder an die Oberfläche, um Luft zu holen. Hier siehst du die bekanntesten Robben.

**Seehunde**
bohren sich im Winter Atemlöcher in das Eis. Manchmal lauert dort auch ein Eisbär.

**Bandrobbe**

**Die Klappmützen**
können ihre Nasen wie Mützen aufblähen.

**Seelöwen**
können besonders tief tauchen.

**Walrosse**
sind sehr gesellige Tiere. Sie lieben es, sich aneinander zu kuscheln. Das Walroß mit den längsten Zähnen führt die Herde an. Mit den Stoßzähnen wühlen sie nach ihrer Lieblingsnahrung, den Muscheln. Manchmal werden die Stoßzähne auch als Steigeisen benützt.

# Riesen unter Wasser

Hast du gewußt, daß Wale zwar wie Fische aussehen, aber keine sind? Sie bringen lebende Junge zur Welt und atmen, wie wir Menschen, durch Lungen. Deshalb müssen sie auch regelmäßig auftauchen. Beim Ausatmen spritzt es wie bei einem Springbrunnen. Wale leben in allen Meeren. Aber nur diese vier leben in den kalten Gegenden. Sie ernähren sich von Fischen, Seehunden und Krebsen. Der Grönlandhai ist der Feind vieler Wale.

**Der Grönlandhai**
ist ein wachsamer Räuber. Während er sich schlafend stellt, schnuppert er nach Beute.

**Der Schwertwal**
ist an seinem eindrucksvollen Gebiß erkennbar. Er ist ein schneller Schwimmer.

**Der Weißwal** (Belugawal) ist besonders verspielt und „singt" sehr viel. Die Jungen kommen braun zur Welt. Sie werden später weiß.

**Der Narwal**
hat einen langen gedrehten Stoßzahn, mit dem er den Meeresboden nach Krebsen durchwühlt.

# Die Tundra im Winter

**Der Schneehase**
ist ganz weiß, bis auf die schwarzen Ohrspitzen. Im Sommer ist er braun.

**Der Polarfuchs**
dringt gern in die Vorratslager der Menschen und stiehlt alles, was er findet. Beim Schlafen rollt er sich ein und wickelt seinen Schwanz wie eine Decke um den Körper.

**Der Moschusochse**
liebt die Kälte. Die langen Haare umgeben seinen Körper wie ein Mantel.

**Rentiere**
scharren mit ihren Hufen Flechten aus dem Schnee, die sie auch tiefgefroren fressen können.

# Die Tundra im Sommer

Wenn der Schnee schmilzt, erwacht die Tundra zu neuem Leben. Die Erde bedeckt sich mit einem Teppich aus kleinen Pflanzen, die Tiere verlieren ihr Winterkleid, tausende Insekten schwirren in der Luft. Vögel lassen sich zum Brüten nieder und die Rentiere ziehen in großen Herden zu den saftigen Weiden.

**Das Schneehuhn**
hat auch an den Füßen ein dichtes Federkleid. Im Winter ist es ganz weiß.

**Junger Rauhfußbussard**
erprobt seine Flügel.

**Rentierflechten**
sind die Hauptnahrung der Rentiere.

**Die Zwergbirke**
hat winzige gelbrote Blätter.

**Die Silberwurz**
wächst auch bei uns im Gebirge.

# Nachwuchs im hohen Norden

**Kleine Eisbären**
kommen in Schneehöhlen zur Welt, die die Mutter gegraben hat.

**Junge Sattelrobben**
haben ein besonders dickes Fell, das bei Pelzjägern leider sehr beliebt ist.

**Die Schnee-Eule**
legt ihre Eier in eine flache Mulde am Boden.

**Der Eistaucher**
nistet am Rand von Seen in der Tundra.

**Seehundjunge**
können an Land nur mühsam auf dem Bauch rutschen, so wie ihre Eltern.

# Wir basteln und spielen

## Auf der Pinguininsel

So wird es gemacht:
Verwende zweifarbiges Papier

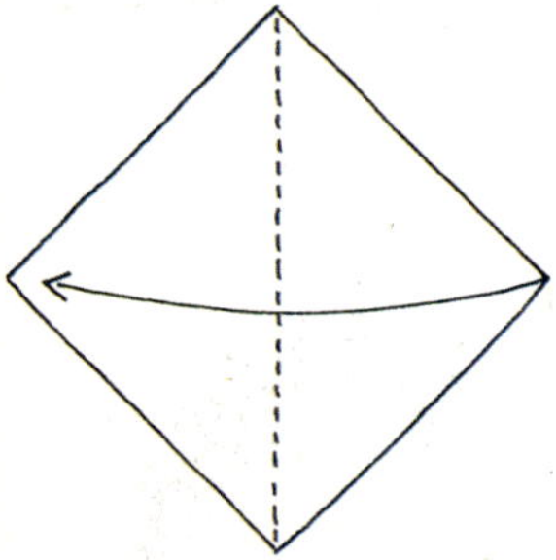

Zur Seite —
wieder auf

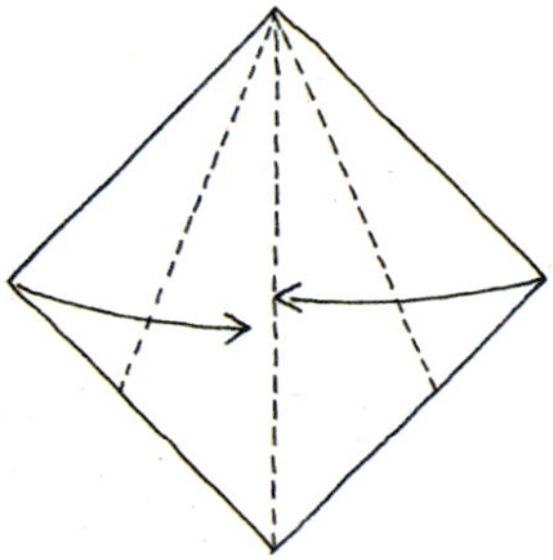

zur Mitte —
wieder auf

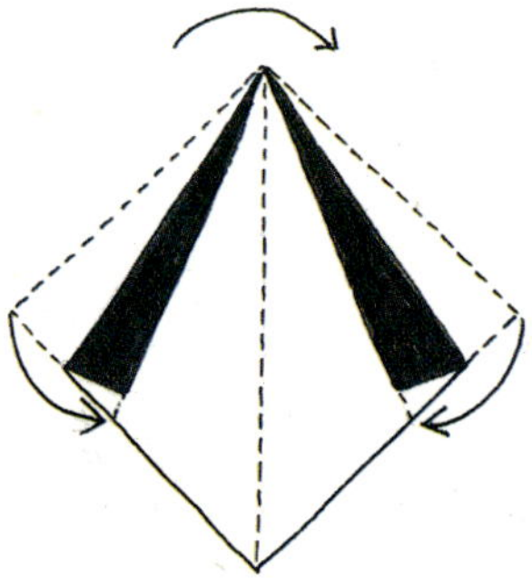

Außenecken einklappen
und zur Mitte falten

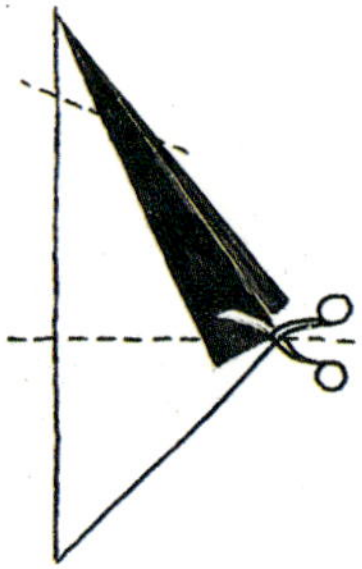

gerade schneiden
Kopf abbiegen

Auge ankleben
oder aufmalen

# Das Ayagak-Spiel

Dieses Geschicklichkeitsspiel stammt aus dem hohen Norden, von den Eskimokindern. Sie spielen es mit einem Stück Knochen und einem zugespitzten Holzstab. Du brauchst dafür nur eine Papprolle und einen Bleistift.

Wickle ein Stück Schnur fest um einen Bleistift. Das andere Schnurende führst du durch zwei gegenüberliegende Löcher in der Röhre.

So spielst du:

Den Bleistift hältst du in der Hand, die Röhre baumelt herunter. Nun schleuderst du die Röhre nach oben und fängst sie mit dem Bleistift auf.

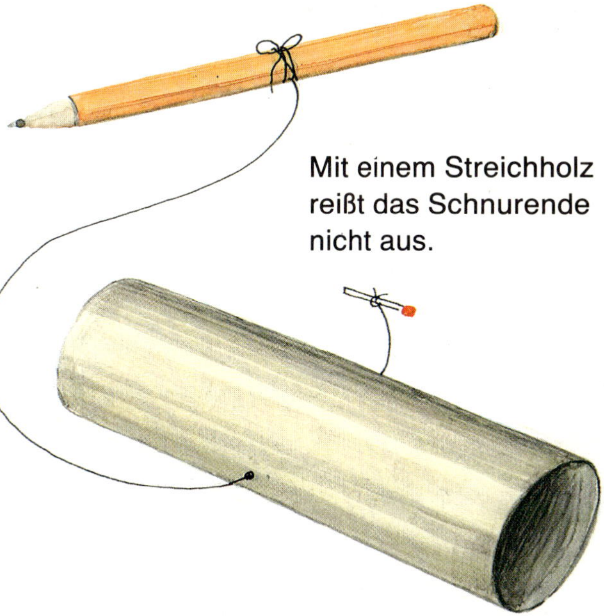

Mit einem Streichholz reißt das Schnurende nicht aus.

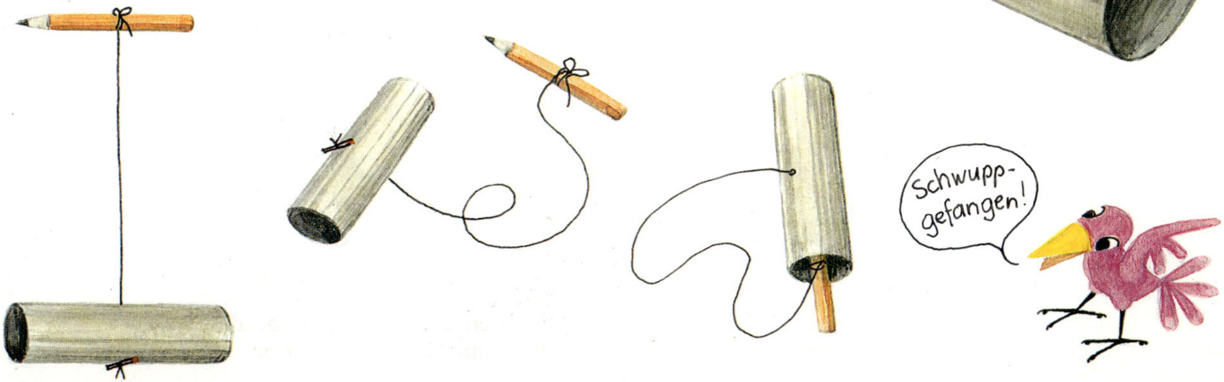

# Wer weiß mehr?

## Ein Würfelspiel für Arktiskenner

## Spielregel:

Die Spieler würfeln nacheinander und schieben ihre Spielsteine so viele Felder vor, wie der Würfel Augen zeigt. Wer auf eine blaue Eisscholle kommt, soll die jeweilige Frage beantworten.
Ist die Antwort richtig, darf er noch einmal würfeln. Wer die Antwort nicht weiß, setzt einmal aus und schaut später nach. Sieger ist, wer als erster den Eisberg erreicht.

2 Wechselt der Polarfuchs im Sommer seine Farbe?

4 Welcher Elternteil brütet bei den Pinguinen das Ei aus?

7 Warum frieren Eisbären im Wasser nicht?

9 Legen Wale Eier?

13 Wie heißt die Robbe mit den langen Zähnen?

16 Wo leben die Pinguine?

18 Wie heißt dieser Wal?

22 Wo kommen die kleinen Eisbären zur Welt?

25 Warum hat der Moschusochse so lange Haare?

27 Was fressen Rentiere im Winter?

CIP-Titelaufnahme der Deutschen Bibliothek

**Komm und schau mit uns in die Arktis**/Brigitte Trinkl.
Ill. von Reingard Kopsa.
Wien; Stuttgart: Neuer Breitschopf Verl., 1990
(Spielend wissen)
ISBN 3-7004-1170-7


ISBN 3-7004-1170-7

Auf Wiedersehen
im nächsten Buch!